Género Ficción realista

Pregunta esencial
¿Cómo se nos ocurren las ideas?

Una tarde inolvidable

Sebastián Olaso
ilustrado por Juan Carlos Ricardo

I0806002

Capítulo 1

El cielo plomizo

Me llamo Fernando. Estoy en la biblioteca de mi ciudad. Es un hermoso edificio moderno, tiene mucha luz y muebles confortables. Fue inaugurada hace unos meses.

Los ingenieros, los bibliotecarios, los marchantes, los niños, los padres, los maestros, todos ayudaron para que hoy estemos orgullosos de la biblioteca que tenemos.

También es el lugar de reunión de los vecinos, que siempre quieren aprender algo nuevo. Y como la biblioteca es muy completa, siempre hay mucho para aprender. Un grupo de voluntarios reúne la información de los libros que acaban de editarse, de los centros de venta, de los textos que se leerán en las escuelas. Luego se ocupan de conseguirlos y donarlos a la biblioteca.

Acaba de llegar una partida de más de quinientos libros y el viernes estarán listos los estantes para colocarlos.

Mamá fue a buscar otros libros para ayudarme con la tarea. En una mesa cercana, mi amiga Helen y sus padres están leyendo unos libros y tomando notas. Seguramente ella también tiene que hacer alguna investigación para la escuela.

La tarea de geografía que estoy haciendo es muy divertida. Estoy armando un cuadro con los estados, sus capitales y sus superficies. Si no me equivoco, Helen tiene que reunir material para hacer una presentación para la clase de ciencias.

Una montaña de libros se acerca a mi mesa. Es mamá. Trae varios volúmenes de enciclopedias, atlas y libros para turistas. Acomoda con cuidado los libros sobre la mesa, suspira y me pide que mire hacia el techo. Veo el cielo plomizo a través de los hermosos paneles transparentes colocados justo en el centro del techo de la biblioteca. Parece que está por llover.

Siempre me ha gustado mirar el cielo azul a través de estos paneles. Hoy veo algunas nubes que no parecen muy amigables.

De repente, un silbido largo y extraño nos asusta. Miro a Helen, ella también se ha quedado pálida. El viento golpea contra todo allá afuera. Y también acá adentro, porque luego de un ruido fuerte, uno de los paneles del techo sale volando. Ahora entra mucha agua en la biblioteca.

—¡Quédate junto a mí, Fernando! —me dice mamá.

Todos nos miramos sin saber qué hacer. El agua arruinará los libros de nuestra querida biblioteca. No tenemos tiempo de pensar, ahora mismo debemos ponernos en acción.

Capítulo 2

La idea de Helen

Por fortuna, el panel que se voló no es de vidrio, sino de un material irrompible.

Un señor fue al parque que rodea la biblioteca y lo encontró intacto. El señor está muy mojado, pero tiene una expresión de felicidad porque ha podido recuperar el panel.

Las personas que trabajan haciendo reparaciones en la biblioteca, rápidamente traen escaleras y se disponen a colocar el panel.

Algunos adultos colaboran con ellos. Otros ponen los libros a resguardo donde pueden. Otros nos llevan a los niños a un rincón donde hay menos agua.

Detective del lenguaje

En la oración subrayada en esta página, ¿cuántos artículos hay? ¿Qué clase de artículos son?

Pero lamentablemente, pese a los esfuerzos de todos, con tanto viento no es posible colocar el panel de manera correcta y sigue entrando bastante agua. Tanta agua, que salpica los estantes inferiores de las bibliotecas.

Si no actuamos pronto, perderemos parte de nuestros queridos libros. Y también perderemos los valiosos quinientos libros nuevos que todavía no tienen un lugar en los estantes y están prolijamente colocados en un rincón del salón de lectura.

Ya hay pequeñas lagunas en el suelo.

Debemos volver a mover los libros de lugar. Entre todos, corremos las mesas hacia un costado y buscamos mesas y sillas en otras habitaciones.

Helen y su madre también ayudan. Se las ve muy activas. Yo ya sabía que eran buenas personas y me alegro de haberlas conocido.

Sin embargo, nada es suficiente. Sigue entrando mucha agua. Los lugares donde proteger los libros son pocos. Helen y yo nos miramos muy preocupados.

<u>De repente, a Helen se le ilumina la cara y viene corriendo hacia mí.</u> ¿Habrá tenido una buena idea?

—¡Óyeme, Fernando! —me dice sonriendo.

Detective del lenguaje

En la oración subrayada en esta página, ¿cuál es el nombre propio? ¿Cómo lo reconoces?

Capítulo 3

Vecinos en acción

Helen tuvo una excelente idea, pero en este momento no podemos llevarla a cabo.

Helen acaba de recordar que mi papá trabaja haciendo reparto de mercaderías en un camión. El sector para colocar la mercadería en el camión de papá, tiene techo y puertas.

Helen pensó que papá podría venir con el camión. Lo pondría junto a la puerta de la biblioteca y entre todos podríamos colocar allí los libros hasta que la tormenta termine. Entonces, el problema estaría resuelto.

Pero hoy papá no está en la ciudad.

Los dos nos sentimos un poco decepcionados.

Pero algo sucede. ¡La idea de Helen es realmente buena!

La miro, pero ella parece estar más contenta que yo. Como si nos hubiéramos puesto de acuerdo, preguntamos:

—¿Quiénes han venido en coche?

Es un momento muy emocionante. Estamos alegres como cascabeles.

Después de algunos murmullos, de personas que miran sin entender, de manos levantadas, en unos pocos segundos comenzamos a organizarnos.

Algunas personas no comprenden bien la idea. Otras se sienten un poco temerosas. ¿Sacar los libros de la biblioteca? ¿Colocarlos en los coches de las personas que ahora están aquí? ¿Se puede hacer eso? ¿Quién llevará un registro? ¿Y si los libros se mojan cuando intentamos colocarlos en los coches?

Sin embargo, por la urgencia y la gravedad de la situación, la mayoría está de acuerdo. Muchos tienen pilas de más de veinte libros en los brazos. Me recuerdan a mamá hace unos minutos, cuando vino con las enciclopedias y los atlas.

Hay más de quince coches disponibles. Las autoridades de la biblioteca nos dan su permiso y con la colaboración de todos podremos salvar los libros del agua. Las dos bibliotecarias, la directora, los encargados de mantenimiento del edificio y los empleados administrativos también ayudarán a mover los libros.

BIBLIOTECA

Capítulo 4

Un equipo exitoso

Las personas salen corriendo bajo la lluvia y van acercando los coches uno a uno.

Nuestro plan es sencillo: colocaremos los libros con cuidado en los coches hasta que termine la tormenta. Cajuelas y asientos traseros de coches, cabinas de camionetas se abren, se llenan de libros, cuidan el patrimonio de nuestra querida comunidad.

Quién se iba a imaginar que la tarea resultaría tan sencilla.

Ayudo, miro, me siento feliz. Helen también ayuda. Entre todos, estamos armando un gran equipo.

Estamos todos mojados, tenemos algo de frío, pero no nos importa. En cuanto lleguemos a casa nos daremos una ducha y beberemos un delicioso caldo.

Pero ahora, entre todos, debemos esperar a que la lluvia pase, secar los pisos, limpiar las vitrinas, colocar el panel y ajustarlo, devolver los libros a sus estantes.

Y exactamente eso es lo que sucede. Después de media hora, el cielo comienza a despejarse lentamente. Ese cielo plomizo recupera poco a poco su color azul, hermoso como un mar lleno de vida. El viento se va calmando. El frío va dejando su lugar al tibio aire de la primavera. El parque, las calles y los edificios recuperan sus colores nítidos y brillantes como si una mano invisible hubiera corrido un velo.

—¡A secar los pisos! —dice un señor de lentes.

—¡A colocar el panel! —dice un empleado de mantenimiento con una sonrisa.

La tarea es ardua y alegre a la vez. Los baldes llegan vacíos, se van con agua, regresan listos para otra vuelta. Los niños cantamos mientras colaboramos. Helen se mueve con un gracioso paso de baile mientras pasa el secador por las baldosas. Los encargados de colocar el panel cuentan anécdotas y se ríen mientras ajustan tornillos, sostienen las escaleras, colocan una pasta aislante para que en la nueva tormenta no haya problemas.

Unos minutos después, una de las bibliotecarias enciende las estufas y ofrece café para los adultos y leche chocolatada para los niños.

Se nos pasa el frío. Se pasa el olor a humedad y nuestras ropas ya no nos pesan ni se nos adhieren a la piel. Estamos casi secos. Estamos listos para traer los libros a la biblioteca, que es el lugar al que pertenecen.

Con menos apuro que antes y con más alegría, los adultos se organizan para acercar otra vez los coches a la puerta de la biblioteca. Vuelven a abrirse cajuelas y puertas. Manos ahora secas toman los libros y los llevan hacia el salón de lectura. Las bibliotecarias los cuentan, los acomodan, les quitan las pocas gotas que conservan. Luego los llevan hacia sus estantes.

En pocos minutos, la biblioteca está calefaccionada, seca, ordenada, limpia. Llena de vida.

Ha llegado el momento de volver a nuestras casas. Nos miramos con tanta satisfacción, que parece que fuéramos amigos desde hace años. Nos abrazamos. Aplaudimos por el éxito de nuestro trabajo en equipo. Nos despedimos.

—Dime, Fernando, ¿qué harás este sábado? —me pregunta Helen.

Le respondo que no sé. Supongo que seguramente saldré con mis padres a pasear por el parque cercano a la escuela. Entonces, me propone que vengamos con nuestras familias a la biblioteca para ayudar a hacer las fichas de los nuevos libros y a acomodarlos en los nuevos estantes. Las ideas de Helen siempre me parecen magníficas. Entonces le sonrío, vuelvo a sentirme orgulloso de ser su amigo, y acepto.

Respuesta a la lectura

Resumir

Usa detalles del cuento para resumir *Una tarde inolvidable*. El organizador gráfico te servirá de ayuda.

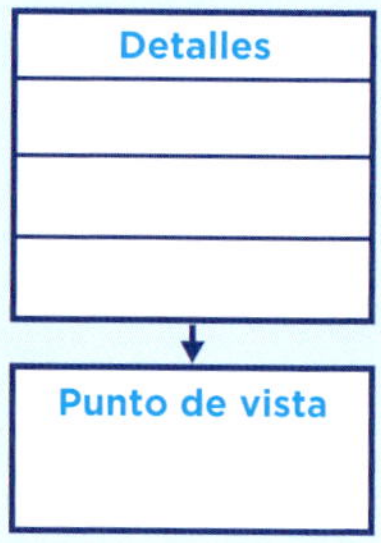

Evidencia en el texto

1. ¿Qué tipo de ficción es *Una tarde inolvidable*? ¿Qué detalles te ayudan a saberlo? **GÉNERO**

2. ¿Desde qué punto de vista está narrado el cuento? ¿Cómo te das cuenta? **PUNTO DE VISTA**

3. ¿Qué símil para describir el cielo encuentras en la página 13? **SÍMILES**

4. Escribe sobre cómo una idea en *Una tarde inolvidable* ayudó a resolver un problema. **ESCRIBIR SOBRE LA LECTURA**

Género Poesía

Compara los textos

Lee las adivinanzas.

Adivinanzas

Vestidos de blanco y negro
venían dos caballeros,
uno al otro se decían:
"¡Yo primero!", "¡Yo primero!"

Respuesta: Los pies

Illustration: Valeria Cervantes

Cuando me siento, me estiro,
cuando me paro, me encojo,
entro al fuego y no me quemo,
entro al agua y no me mojo.

Respuesta: La sombra

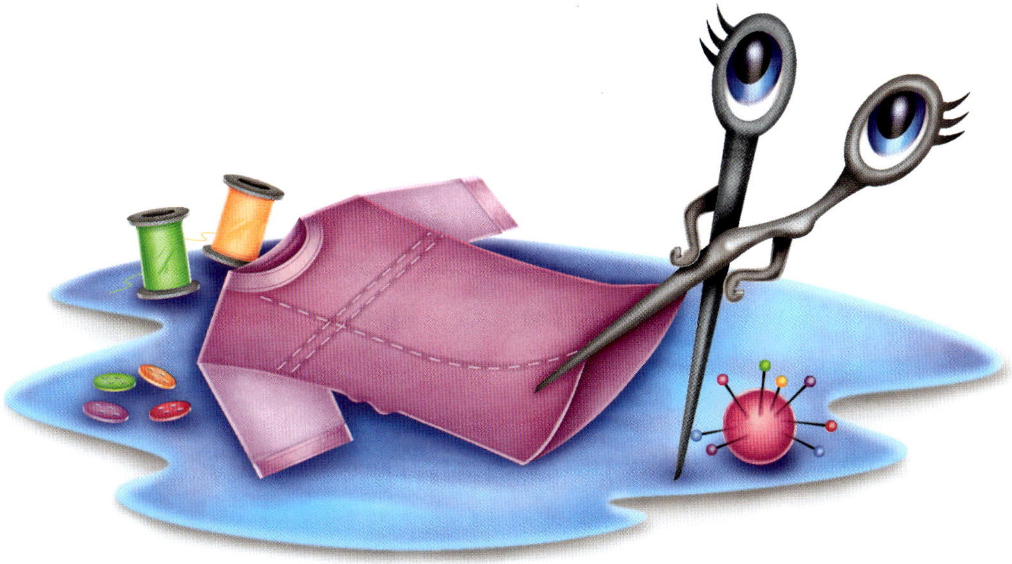

En una calle limpita

anda una niña al compás

que camina hacia adelante

con sus ojitos atrás.

Respuesta: La tijera

Haz conexiones

¿Qué ideas para adivinanzas se te ocurren? **PREGUNTA ESENCIAL**

¿Qué comparación puedes hacer entre *Una tarde inolvidable* y las *Adivinanzas*? **EL TEXTO Y OTROS TEXTOS**

Illustrations: Valeria Cervantes

Enfoque: Elementos literarios

Rima Muchos poemas usan rima y aliteración. La rima es la repetición de los mismos sonidos al final de dos o más versos de un poema. Un ejemplo de rima es *compás* y *atrás*, en la página 19. La aliteración es la repetición de una o más consonantes en palabras cercanas. Un ejemplo de aliteración es *anda una niña*.

Lee y descubre Las adivinanzas están escritas con rima. Léelas en voz alta para escuchar las rimas claramente y seguir el ritmo de los versos.

Tu turno

Escribe tu propio poema con versos rimados o con versos libres. También intenta usar aliteraciones.